HISTOIRE
DU
PRIEURÉ DE LAY

PAR DOM AUGUSTIN CALMET

PUBLIÉE POUR LA PREMIÈRE FOIS

D'APRÈS LE MANUSCRIT CONSERVÉ AUX ARCHIVES DE LA MEURTHE

PAR HENRI LEPAGE.

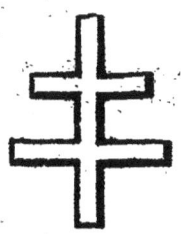

NANCY,
LUCIEN WIENER, ÉDITEUR, RUE DES DOMINICAINS, 53.

1863.

AVERTISSEMENT.

Les biographes de Dom Calmet[1] citent, parmi ses ouvrages restés inédits, une Histoire du prieuré de Lay-Saint-Christophe, composée par lui durant le temps (1715-1728) qu'il fut prieur de ce petit monastère. Nous avons pensé qu'on ne lirait pas sans intérêt ce travail du savant bénédictin, et que ce serait en même temps rendre hommage à sa mémoire que de lui faire voir le jour[2].

Le manuscrit que nous publions se trouve aux archives du département de la Meurthe : c'est un in-4° composé de 3 feuillets non chiffrés, renfermant la table, et de 438 pa-

---

[1]. Voy., entr'autres, *Notice biographique et littéraire sur Dom Augustin Calmet, abbé de Senones*, par Aug. Digot. Nanc , L. Wiener, 1860.

[2]. Nous l'avons fait imprimer textuellement, en y ajoutant seulement quelques notes, qui se distinguent de celles de Dom Calmet par la lettre E, placée à la suite.

ges, dont 411 écrites ; les dernières étaient, sans doute, destinées à recevoir des additions. Les pages 1-5 contiennent la liste des prieurs titulaires de Lay ; 5-63, l'histoire du p[r]ieuré ; la page 64 est restée en blanc ; les preuves et pièces justificatives remplissent les pages 65-411. On trouve çà et là quelques notes de la main de Dom Calmet, et il a introduit entre les pages 64 et 65 deux feuillets non cotés, entièrement écrits par lui, et contenant l'indication de toutes les dépenses qu'il a faites pour le prieuré.

On conservait, dans les archives de la commune de Lay-Saint-Christophe, une autre copie de l'Histoire du prieuré de Lay, qui a été depuis remise aux archives du département ; elle est de format in-folio et renferme quelques additions au travail de Dom Calmet[1].

Nous n'avons pas jugé à propos de faire imprimer les preuves et pièces justificatives, d'abord parce qu'elles sont beaucoup trop considérables, en second lieu, parce que la plupart n'offrent qu'un intérêt très-secondaire, et que plusieurs ont déjà été publiées ; nous avons cru devoir nous borner à donner le titre des plus importantes, d'après l'ordre qu'elles occupent dans le manuscrit :

Vita S. Clodulphi, episcopi Metensis.

Epistola S. Desiderii Cadurcensis S. Clodulpho, Metensi episcopo.

Historia translationis S. Clodulphi ad Layense monasterium et miracula ejusdem, ab anno 959 ad an. 1215.

Narratio de Antonio, priore Layensi, ex Chronico Riche[r]i Senon., l. 2, c. 21, p. 322-323.

Charta fundationis Laii, an. 950[2].

Alia charta de eadem fundatione[3].

---

1. Elle est intitulée : Cartulaire de tous les titres et papiers concernants le prieuré de Lay-Saint-Christophe avec ses dépendances, depuis sa fondation jusqu'en 1788, par ordre chronologique. Ce manuscrit contient 304 pages ; il est suivi d'une table des matières, qui en forme 16 ; sur la suivante se trouve une attestation de D. Louis Petit, sans doute religieux de Lay, portant que les copies des titres et pièces renfermés dans le présent Cartulaire sont conformes aux originaux déposés tant dans les archives des RR. PP. Bénédictins dudit Lay que dans celles de la maison de la Mission royale de Nancy. (Le prieuré avait été donné, en 1747, aux prêtres de la Mission.)

2. Imprimée dans les preuves de l'*Histoire de Lorraine*, 1re éd., t. I, col. 357-359.

3. Ibid., col. 357-359.

V

Alia charta de Laïo : confirmatio Udalrici, filii Evæ comitissæ, an. 959¹.

Appendix ad vitam S. Arnulphi, de S. Clodulpho et fratre Anchise. Item, de miraculo annuli in pisce reperti, ex historia Pauli Diaconi de episc. Metensibus.

Unio facta inter abbatem S⁺¹-Arnulphi et abbatissam Sanctæ-Glodesindis pro quibusd. bonis, an. 1012.

Donatio molendini Layensis ab Harduino, an. 1013.

Charta Leonis papæ IX pro S. Arnulpho, an. 1049².

Charta Pibonis, episcopi Tullensis, de ponte Buxeriensi, anno 1073⁵.

Donatio ecclesiæ de Vuissa a Matfrido (1092)⁴.

Confirmatio ecclesiarum quæ ad Layum pertinent ab Henrico, Tullensi episc., an. 1130⁵.

Unio Layensis ecclesiæ parochialis ad Layense monasterium a Mathæo, episcopo Tull., an. 1203⁶.

Donatio domûs, horti et tertiæ partis sitûs molendini (confirmé par Henri, comte de Bar), an. 1223⁷.

Accord pour la pêche dans la Meurthe (entre l'abbé de Saint-Arnould et Jean de Lay, chevalier), an. 1224.

Donatio pagi de Champigneulle Sancto-Arnulpho (par le comte Albolfus, v. 940).

Pêche dans la Meurthe dessous Bouxières (engagée à l'abbaye de Saint-Arnould par Jean de Lay), an. 1238.

Item, pêche dessous Bouxières (abandonnée par le même à la même abbaye), an. 1243.

Cession du moulin le Chevalier (par Thiébaut d'Agincourt à l'abbaye de Saint-Arnould) pour trente-six resaux de bled, an. 1292.

Mémoire pour savoir d'où vient cette redevance de trente-six resaux.

Union des revenus du prieuré de Lay à Sᵗ Arnoû par Nicolas V, an. 1449.

Bulla pro introductione reformationis in Layense monasterium a Greg. XV, an. 1621.

1. Ibid., col. 365-366.
2. Ibid., col. 442-444.
3. Ibid., col. 474-475.
4. Ibid., col. 494-495.
5. Ibid., t. II, col. ccxcj-ccxcij.
6. Ibid., col. ccccxiij.
7. Ibid., ccccxiij.

Cession faite au Roy de la souveraineté de Lay, an. 1621.

Rétractation faite par Valladior, abbé de S¹ Arnoû, de ce qu'il avoit écrit dans son *Auguste Basilique*, an. 1616.

Désaveu de la rétractation cy-dessus, an. 1638.

Droits, rentes et revenus du prieuré de Lay.

Telles sont les pièces les plus anciennes et les plus intéressantes qu'on trouve jointes à l'opuscule de Dom Calmet. Nous avons indiqué en notes celles qu'il a fait imprimer dans son *Histoire de Lorraine*; les autres sont relativement modernes et peu importantes; c'est pourquoi nous n'avons pas jugé à propos d'en donner l'indication.

L'ouvrage lui-même, il faut bien le reconnaître, n'est pas de nature à beaucoup augmenter la réputation de l'Abbé de Senones; néanmoins, nous espérons qu'il sera favorablement accueilli, et que les amateurs des choses lorraines seront heureux de pouvoir ajouter à ses œuvres cette histoire, jusqu'à présent inédite, d'une maison religieuse qui n'a pas disparu sans laisser après elle des souvenirs.

Henri LEPAGE.

LISTE

DES PRIEURS TITULAIRES

DE SAINT-CLOU DE LAY.

Depuis l'origine du prieuré de Lay jusque bien avant dans le treizième siècle, les traités et autres affaires se passèrent au nom de l'abbé de Saint-Arnou ; si le prieur de Lay y estoit dénommé, c'estoit simplement par sa qualité de prieur, et non pas par son nom propre.

1014. Le premier que je trouve est *Herimannus præpositus*.

1098. Antoine, natif de Pavie, gouverna le prieuré pendant quelques années avant qu'il fût fait abbé de Senones en 1098. Mort le 6 des calendes de novembre an ....

1215. Rénier, prieur ou administrateur.

1270. Guillaume, prieur de Lay.

1271. Le mesme.

1320. Ainard de Porte-Trienne, déposé et révoqué en 1323.

1326. Richard de Sainte-Geneviève.

1330. Le mesme.

1348. Henry de la Grange succède à Nicolas de Monclerc.

1348. Enguerrand Piedeschaut, de Metz.

1355. Jaquet du Pont-à-Mousson.

1363. Le mesme.

1364. Jean de Lucey.

1374. Le mesme.

1380. Thiébaut Boukin.

1385. Bertrand est menacé des censures par le collecteur du pape pour n'avoir pas payé la moitié du revenu du prieuré.

1394. Jean donna, en 1394, trente francs d'or pour la componende de la moitié du revenu de son prieuré.

1405. Nicolas Casanius.

1420. Jacques Marcaire.

1446. Le mesme jusqu'en 1450 ou 1451.

1450. Jean Pignon avoit jeté un dévolu sur le prieuré en 1450.

1451. Le cardinal de Sainte-Sabine.

1452. Jacques Terquaire. Valladier, *Auguste Basilique*, p. 253, dit qu'il est mort en 1452, et qu'il jouissoit du prieuré avant le cardinal de Sainte-Sabine ; mais je crois qu'au lieu de *Trequaire* il faut lire *Jacques Marcaire*. Voyez plus haut sous l'an 1420.

1453. Liébaut de Ville jusque vers l'an 1462 ou 1463.

1464. Jean de Lambale jusque vers l'an 1473.

1466. Cicade, prieur de Fouchiers, administrateur pour Jean de Lambale, protonotaire.

Dom Jacques, moine vagabond, intrus.

1481. Jean Notarius, abbé de Saint-Symphorien et prieur de Lay jusqu'à sa mort en 1522.

1522. Jean, cardinal de Lorraine du titre de Saint-Onufre, résigne à Jean du Fresneau en 1524.

1524. Jean du Fresneau fut pourvu du prieuré en 1538 ; il n'en prit possession qu'en 1544 ; il résigna son prieuré en 1570, en faveur de Jacques Simonet.

1570. Jacques Simonet, mort en 1572. Il est ordinairement appelé *messire Jacques* dans les escripts du temps de M. de Lenoncourt.

1572. Antoine de Lenoncourt, depuis primat de Nancy, depuis l'an 1572 jusqu'en 1636. En mesme temps, Didier Toussaint, abbé de Saint-Arnoû, nomma au prieuré D. Jacques Niclos, son religieux, qui se désista en 1583.

M. de Lenoncourt obtint, en 1614, pour coadjuteur, Dominique Husson, lequel ayant renoncé, le mesme Antoine de Lenoncourt demanda pour son coadjuteur Claude-Théodore de Lenoncourt, son neveu, lequel estant mort en 1633, il choisit pour son coadjuteur, en 1634, un autre de ses neveux, nommé Henry de Lenoncourt, lequel succéda à son oncle, mort en 1636.

1636. Henry de Lenoncourt. En mesme temps, André Valladier, abbé de Saint-Arnoû, nomma Dom Mengin Cordonnier, religieux de son abbaye.

M. Henry de Lenoncourt jouit du prieuré jusqu'en 1645 ; alors il le résigna à M. de Stainville de Couvonge.

1645. M. de Stainville de Couvonge mort en 1657.

1657. Claude Drouot, officier de la Datterie, obtint du pape le prieuré en 1657 ; mais M. de Furstemberg, abbé de Saint-Arnoû, ayant nommé M. Henry de Salins, Drouot luy remit ses droits en 1668.

1669. Henry de Salins prit possession du prieuré en 1669 et le résigna, en 1694, à M. François-Philippe Morel, qui l'a résigné, en 1715, à Dom Augustin Calmet.

1715. Dom Augustin Calmet.

1728. Le R. P. D. Hyacinthe la Faulche.

HISTOIRE
DU PRIEURÉ DE LAY.

Le prieuré de Lay, dans son origine, ne fut pas érigé sous le titre de prieuré ny sous celuy d'abbaye; on ne le dédia sous l'invocation d'aucun saint particulier; on n'y destina pas mesme un certain nombre de religieux, comme cela se pratiquoit d'ordinaire dans les autres fondations de monastères. La princesse Eve en fit une offrande à l'abbaye de Saint-Arnoû (où son mary Hugues et son fils Arnoû estoient enterrés), pour le salut de leurs âmes et de la sienne, pour le rétablissement de cette abbaye, où l'évêque Adalbéron, son parent, venoit d'établir depuis peu la règle de Saint-Benoît; enfin, pour l'entretien des religieux qui demeuroient dans l'abbaye, des pauvres qu'on y sustentoit, et des hôtes qu'on y recevoit. C'est ainsy qu'elle s'en explique. Eve avoit épousé Hugues, comte du Chaumontois, dont elle avoit eu deux fils : Arnoû et Udalric. Hugues estoit mort apparemment dès avant l'an 945[1], puisque la comtesse Eve et son fils Udalric ou Odelric, abbé, font un échange avec Archambeau, abbé de Saint-Evre, d'un mansus au lieu de Viller contre une vigne située à Salincourt (Selaincourt) dans le Saintois.

1. Peut-estre mesme dès l'an 940. La comtesse Eve estoit veuve au commencement du règne d'Othon, qui commença à régner en 937. Voyez la Vie du B. Jean de Gorze, dans Mabillon, *Acta sanctorum ordinis sancti Benedicti*, sæc. V. — Voy. aussi *Annales Benedictini*, t. III, p. 507 et 508. — Le comte Albulfe, seigneur de Champigneule, estoit voué de la comtesse Eve; il donna Champigneule à Saint-Arnoû. On a le titre de la donation.

Arnoû, fils aisné de Hugues et d'Eve, estoit un prince accompli, aimé de tous, protecteur de la veuve et de l'orphelin, chéri des grands et des gens de bien, mais haï des méchants et des ennemis de la paix ; il fut mis à mort, dans la fleur de sa jeunesse, par des méchants qui ne pouvoient souffrir son zèle pour la justice (950). Son épitaphe porte qu'il perdit une main dans une bataille.

Udalric, son cadet, estoit desjà dans la cléricature lorsque sa mère donna sa terre de Lay à Saint-Arnoû : *Udalricus, jam favente Dei clementia, in ordine clericatus constitutus*. Et quand il est dit, dans le titre de Saint-Evre, qu'il estoit abbé, il est certain que l'on ne doit pas l'entendre comme s'il eust esté à la teste d'une communauté de religieux. Le nom d'abbé ne marque que sa destination à la cléricature. Il fut dans la suite archevêque de Rheims, en 962.

Hugues, leur père, estoit de la race de saint Arnoû et des roys de France, comme Eve le marque dans le titre de fondation : *Et quoniam de genealogia prœtiosissimi confessoris Christi, Arnulphi, filius ex parte patris sui originem duxit, ex quo et reges Francorum divinitus orti sunt*[2].

Cette princesse donc et son fils Udalric, qui estoit alors mineur, donnent au monastère de Saint-Arnoû de Metz la ville ou le château de Lay, que le comte Hugues, son époux, luy avoit cédé pour douaire, avec l'église et tou ce qui lui appartenoit au mesme lieu, où le saint confesseur Arnoû avoit pris naissance : *In qua etiam prœ-*

1. Marlot, *Hist. Remens.*, t. I, p. 601-602.
2. Voyez mon Hist. de Lorr. dans la fondation de Lay et dans la vie d'Albéron, évêque de Metz.

tiosissimus confessor et apostolicus præsul Arnulphus præsentis vitæ nativitatis suæ sumpsit exordium.

On montre encore aujourd'huy, à costé du presbytère de l'église du prieuré, une chambre voûtée en forme de chapelle, du costé du septentrion, que l'on dit estre la chambre où saint Arnoù prit naissance.

Eve se réserva, et à son fils Udalric, pendant sa vie, l'usufruit de cette terre, sous la charge de payer tous les ans au monastère de Saint-Arnoù une livre d'argent, par forme de reconnaissance[1].

En 959, Udalric estant devenu majeur, confirma, avec sa mère, la comtesse Eve, la donation qui avoit esté faite, neuf ans auparavant, de la terre de Lay, à l'abbaye de Saint-Arnoù, dans la charte qui en fut expédiée en 959, le XI des calendes de may, *apud Mortismum, in mallo publico;* c'est-à-dire apparemment à Moirmont, diocèse de Rheims. Il y répète à peu près les mesmes choses que sa mère avoit dittes dans la charte de 950; il ajoute que, sur certaines difficultés qu'on formoit sur la validité de la première donation, parce qu'alors il n'avoit ny l'âge ny le pouvoir de disposer de ses biens, il avoit esté obligé d'aller trouver le roy Othon premier, et qu'il avoit esté mis par ses ordres en possession de la terre de Lay, qui estoit son patrimoine : *Regiam postremo adii dignitatem, unde contigit ut dictante æquitatis ratione, simul et regalis culminis roborata prolatione, hoc idem patrimonium, quod mihi jure hæreditario venerat, absque ullius contradictionis titulo, meæ ditioni traderetur.* Il s'engage de donner, avec sa mère, leur vie durant, une livre d'ar-

[1]. Ce titre et un autre diplôme relatif à la même affaire, mais dans lequel on remarque des altérations, ont été publiés par Dom Calmet, *Hist. de Lorraine*, 1re édit., t. I, preuves, col. 356-359. E.

gent à Saint-Arnoû, au jour de la feste, et veut que, après leur mort, la terre demeure en toute propriété à Saint-Arnoû[1].

Outre ces deux titres, il y en a un troisième qui commence par ces mots : *In nomine Sanctœ et individuœ Trinitatis, quidquid sanctorum locis*, etc., et qui est datté de l'an 950, indiction VIII, la 17e année de l'empereur Othon, ayant un sceau en cire avec l'effigie d'Udalric et ces mots : † *Udelricus archiepiscopus*; ledit diplôme signé du duc Frideric, du comte Sigefride, de Gislebert, comte palatin; de Folmar, de Raimbaldus et autres, donné l'an 24 d'Adalbéron, évêque de Metz. Udelric y est nommé archevêque de Rheims, jusqu'à trois fois.

On forme contre cette charte plusieurs difficultés : 1° Udalric y est nommé archevêque de Rheims, et on sçait certainement qu'il ne le fut qu'en 962, douze ans après la datte de ce titre; de plus, dans l'autre titre de 950, où la comtesse Eve cède la terre de Lay à Saint-Arnoû, elle dit simplement que Udalric estoit desjà dans la cléricature : *Favente Dei clementia, in ordine clericatus constitutus*; et dans celui de 959, le mesme Udalric ne se qualifie que fils de la comtesse Eve et prince du sang de France : *Ego Udelricus, filius Evœ comitissœ, de fortissimo Francorum germine procreatus*; il ajoute qu'au temps que la princesse sa mère a fait la donation dont nous parlons (en 950), il estoit si jeune, qu'il ne pouvoit ny faire cette donation ny y consentir : *In primo tenerœ œtatis meœ flore paterna fueram gratia privatus, ad cujus talis donationis assensum nullo modo assecutus, quippe cui nec facultas habendi, nec possibi-*

---

1. Dom Calmet a publié ce diplôme, *ibid.*, col. 365 et 366. E.

litas voluntatis adhuc inerat. Il est donc faux qu'alors il ait été archevêque de Rheims.

2° Ce titre met pour datte la 24° année de l'épiscopat d'Adalbéron, évêque de Metz ; or, Adalbéron fut fait évêque en 929 ; ainsi, la 21° année de son épiscopat est 953 et non pas 950, comme le titre le voudroit.

3° L'an 17° du règne d'Othon 1er revient à l'année 952 ou 953, et non à 950, et l'an 17 de son empire revient à l'an de J.-C. 962.

4° Le duc Frideric, à qui l'on donne icy la qualité de duc, ne l'a reçue qu'en 958, six ans ou environ après l'expédition de cette charte.

5° Enfin, ce titre est superflu, puisqu'il ne contient rien de nouveau, mais seulement un plus grand détail de ce que la comtesse Eve avoit donné à Saint-Arnoû, par exemple : Lay, son église, ses appartenances, les esclaves, les vignes, les bois, les preys, les eaux, les pâturages, la pêche, le pont sur la Meurthe, les moulins, la forêt de Heis avec tout ce qu'elle peut rapporter.

Quant à ce dernier article du bois de Heis, il est expressément répété dans les bulles des papes qui confirment les biens de Saint-Arnoû. Voyez les bulles de Léon IX, en 1049, de Calixte II, en 1123, d'Innocent II, en 1139, d'Alexandre III, en 1179, de Célestin III, en 1192, de Clément V, en 1311, imprimées dans l'*Auguste Basilique* de Valladier, p. 105 et suivantes. On voit la mesme chose dans les anciens registres du temps de M. Antoine de Lenoncourt, primat de Nancy et prieur de Lay. Voyez, en particulier, les registres de 1621. Enfin, les personnages dénommés au bas de ce titre, le duc Frideric, les comtes Sigefride, Gislebert et Folmar, ne vivoient pas alors, et n'ont pu signer ce diplôme. Au reste, la fondation de

Lay et les titres de la comtesse Eve et d'Udalric sont rapportés dans Meurisse, *Histoire des Évêques de Metz*, et par Valladier, dans son *Auguste Basilique*, p. 240 et seq. Marlot, dans son *Histoire de Rheims*, t. I, p. 601, 602, en fait mention, et le R. P. Mabillon, dans les Annales de l'ordre de Saint-Benoist, t. III, p. 507-508. Dans le Nécrologie de l'abbaye de Saint-Arnoù, on lit, aux ides de juin : *Arnolphus comes pro quo datus est fiscus de Layo Sancto-Arnulpho, cum omnibus appenditiis suis ;* et voici son épitaphe, que l'on voit dans l'église de cette abbaye :

Quam sit vita brevis, vel opes, vel gloria, queris,
Signat pro patulo, qui jacet hoc tumulo.
Strenuus Arnulphus consanguinitate propinquus,
Arnulphi sancti presulis eximii.
Consul clarus erat, bellis et pace vigebat,
Vixit, Christe, tibi ; parcito, Christe, sibi !
Huic dextram pugna precidit vis inimica ;
Sed juxta tumulum texit amica manus.

La comtesse Eve se trouve dans le mesme Nécrologe le XII des calendes de mars, et voicy un vers qu'on lit avec d'autres sur le mausolée de Louis-le-Débonnaire, qui marque qu'elle fut enterrée à Saint-Arnoù avec ses deux fils :

Evaque Caumontis princeps, et natus uterque.

C'est-à-dire Eve et ses deux fils, Arnou et Udalric.

L'archevêque Udalric ayant confirmé la donation que la comtesse, sa mère, avoit faite de la terre de Lay à Saint-Arnoù, engagea Adalbéron, évêque de Metz, son parent, et l'abbé de Saint-Arnoù à envoyer à Lay quelques religieux, et à y transporter le corps de saint Clou ou Clodulphe, fils de saint Arnoù et évêque de Metz, qui reposoit à Saint-Arnoû[1]. Cette translation se fit le 8ᵉ de ides de septembre 959, ou peut-estre en 969, car le manuscrit des miracles de saint Clou porte que ce fut l'année 40ᵉ d'Adalbéron, qui fut fait évêque en 929, et qu'alors Udalric estoit archevêque de Rheims; or, il ne fut élevé à cette dignité qu'en 962, et il estoit très-convenable, dit l'ancien historien[2], que là où l'on n'entendoit auparavant que le bruit des armes et des assemblées de noblesse, fût introduit le culte divin, et que ce lieu, honoré par la naissance de saint Arnoû, fût rendu vénérable par les reliques de saint Cloud.

Or, il est bon de remarquer que les manuscrits de Saint-Arnoû et tous les imprimés portent qu'en transférant à Lay le corps de saint Cloud, on laissa à l'abbaye de Saint-Arnoû le chef de ce saint; ce qui peut bien estre vray pour ce qui se passa alors; mais il est certain que ce chef est aujourd'huy dans la châsse de Saint-Clou, à Lay, et qu'il n'est point à Saint-Arnoû, soit que ce saint chef ait depuis esté apporté à Lay, ou que l'on n'ait pas exécuté alors la résolution qui avoit esté prise de le laisser à Saint-Arnoû.

En 1651, les Pères de cette abbaye présentèrent requeste au chapitre général de leurdite congrégation pour obtenir quelque partie des reliques de saint Clou, disant qu'il ne leur en estoit resté aucune; ce qui leur fut accordé; et l'année suivante, 1652, les Pères de Lay obtinrent de ceux de Saint-Arnoû trois petits ossements des reliques de saint Arnoû, par une espèce d'échange de celles de saint

---

[1]. La vie de saint Clou ou Chlodulfus est imprimée dans Mabillon, *Acta sanctorum ordinis sancti Benedicti*, sæc. II, et dans les Bollandistes, au 8 juin. E.

[2]. Voyez Valladier, *Auguste Basilique*, p. 252.

Clou, qu'ils leur avoient données l'année précédente. Enfin, le 28 juillet 1714, on donna, par l'ordre du très R. P. président, à M. le Vacher, écolastre de l'église de Toul, l'os *sacrum*, que l'on tira de la châsse de saint Clou; il l'a fait enchâsser, et il l'a légué par son testament, avec son reliquaire, à l'abbaye de Saint-Mansuy. Ce qui est certain, c'est qu'en 1714, le chef de saint Clou estoit dans sa châsse comme il y est encore à présent.

Dès que ce saint corps y fut arrivé, il y eut un très-grand concours de peuple, et Dieu y fit éclater sa puissance par plusieurs miracles, tant pour récompenser la foy des peuples que pour honorer son serviteur. L'historien de saint Arnoû en raconte un bon nombre que l'on peut voir dans le livre qui en a esté composé, que l'on conserve manuscript à Saint-Arnoû, et dont nous avons tiré copie[1].

On y bâtit alors une église qui n'estoit pas d'une structure fort magnifique, puisque Antoine, prieur de Lay, la détruisit pour en bâtir une nouvelle, qui est celle que l'on voit encore aujourd'huy, qui fut dédiée en 1093, et dont la grandeur et la beauté marquent assez qu'alors le prieuré estoit très-considérable[2].

En 1215, sous le gouvernement de Richer, abbé de Saint-Arnoû, sorti de la race des comtes de Bar, et sous Rénier, prieur ou administrateur de Lay, le corps de saint Clou fut tiré de la châsse de bois où il avoit esté jusqu'alors, et fut mis dans une châsse revêtue d'or et d'argent et enrichie de pierres précieuses; mais il faut que les malheurs des temps ou quelques nécessités de

---

1. Cette copie se trouve, dans le manuscrit, à la suite de l'Histoire du prieuré de Lay. E.
2. Cette église a été démolie pendant la Révolution, et il n'en reste que des débris insignifiants. E.

l'abbaye de Saint-Arnoû ou du prieuré de Lay aient obligé les religieux à vendre ces riches métaux et à en dépouiller la châsse de saint Clou, puisque, depuis longtemps, ses reliques ne sont que dans une châsse de bois doré ; on a seulement un bras couvert de lames d'argent, qui contient un de ses os.

Depuis la fondation du prieuré de Lay jusqu'au quinzième siècle, les traités, transactions, donations, échanges, etc., qui se font au profit dudit prieuré, se passent toujours au nom et au profit de l'abbé de Saint-Arnoû ; quelquefois le prieur de Lay y est dénommé, mais l'abbé est toujours la partie principale : c'est que les princes et les religieux qui y estoient envoyés dépendoient absolument de l'abbé, qui pouvoit les rappeler quand il le jugeoit à propos. Dans toutes les bulles et confirmations des papes, accordées à l'abbaye de Saint-Arnoû, on y marque toujours Lay et ses dépendances comme un bien propre de cette abbaye. On peut voir les bulles que j'ai citées cy-devant, (page 172).

En 1049, le pape Léon IX confirme tous les biens appartenant à l'abbaye de Saint-Arnoû, et il spécifie en particulier Lay et ses dépendances : *Laium castrum, quod quædam Eva comitissa contulit, cum silva quæ vocatur Heis, et cum omni utilitate et suffusa ejusdem silvæ, cum ponte etiam et piscatione circa Murt fluvium*[1].

1080. Vers l'an 1080, Antoine, religieux de Saint-Arnoû et natif de Pavie, fut fait prieur de Lay. Il gouverna ce prieuré avec beaucoup de sagesse et d'industrie, renversa l'ancienne église, qui estoit fort petite et menaçoit ruine, et en bâtit une plus vaste. Il augmenta tellement le revenu

---

1. Imprimé dans Meurisse, p. 356, et dans Valladier, *Aug. Basil.*, p. 129-130.

du prieuré, qu'au lieu qu'auparavant à peine avoit-il de quoy entretenir deux ou trois religieux, il y en rassembla sous son gouvernement jusqu'à dix ou douze[1].

En l'an 1098, lorsque Poppon, évêque de Metz[2], le fit abbé de Senones, il rebâtit tout à neuf cette abbaye et y fit une infinité de biens. Il mourut le 27 octobre de l'an 1136, et fut enterré dans l'église des saints apôtres saint Pierre et saint Paul, à Senones.

Le moine Richer, autheur de la Chronique de Senones, et l'anonime qui a escript ses miracles, vivoient de son temps.

L'église qu'il avoit bâtie à Lay fut dédiée, le xv des calendes de novembre, c'est-à-dire le 18e d'octobre 1093, par Pibon, évêque de Toul[3] ; et c'est apparemment pendant cette solemnité que l'on rapporta dans la nouvelle église le corps de saint Clou, et qu'arriva le miracle des trois pierres de taille qui tombèrent de dessus les échafauds au milieu d'une multitude innombrable, sans que personne en fût blessé[4].

Le mesme jour[5], un homme noble nommé Matfride, et sa femme Cunegonde, donnèrent à saint Clou l'église qui estoit dans leur fief de Visse (Vuisse), pour l'âme d'Evonon et Marthe, leurs ancêtres, et principalement pour l'âme de Marthe, mère de Cunegonde, dont le corps est enterré au milieu du chœur, et de la part de laquelle

---

1. Vide Richer, *Senoniense Chronicon*, lib. II, c.xxi, p 322, 323, et *libell. man. de miraculis sancti Clodulphi*, c. xi.

2. Richer dit que ce fut Etienne, évêque de Metz, qui donna l'abbaye à Antoine ; mais cet Etienne n'estoit pas encore évêque en ce temps-là.

3. Mabillon, *Annal. Bened.*, t. V, p. 302.

4. *Miracula sancti Clodulphi*, cap. xi.

5. Mabillon, loco citato.

vient ledit prieuré : *Et ex cujus parte ipsa cella venit. Hoc totum factum est Laio publice et legitime, xv kalend. novemb. ipso die consecrationis monasterii, præsente domno episcopo Tullensi Pibone.*

1130. Bertrand, abbé de Saint-Arnoû, ayant demandé à Henry, évêque de Toul, qu'il lui plût confirmer ce que son abbaye possédait dans son diocèse, le prélat luy accorda un fort beau privilége, dans lequel : 1° il confirme la liberté dont jouissoit le monastère et le parvis qui luy estoit joint, en sorte qu'on ne pourra l'interdire à moins qu'il n'arrive quelque profanation : *Igitur ipsum Laiense monasterium, et quod ei adjacet atrium, assueta concedimus uti libertate, id est ut nullatenus divinum in eo prohibeatur officium, nisi certissima ipsius atrii violatio contigerit.*

2° Il maintient la famille de ce monastère, c'est-à-dire les prébendiers, dans la liberté où ils estoient de ne pas assister au concile ou synode diocésain, et de n'y rien payer : *Familiam quoque ipsius monasterii, sive præbendarios, a conventu concilii et a solutione denariorum quæ in concilio solvuntur, liberrimos antiquitas reddidit.*

3° Il dit que l'église paroissiale de Saint-Christophe de Lay, qui appartient audit monastère, jouira des dixmes dans les cantons où elle a accoutumé de les percevoir, et que le curé du lieu en aura la cinquième partie ; que les offrandes des trois grandes festes, savoir : Noël, Pâques et la Toussaint, se partageront comme d'ancienneté, en sorte que le curé en aura seulement la troisième partie, et le monastère les deux tiers.

4° Il règle la mesme chose pour la paroisse de Sain'

Evre de Champigneule, qui appartient au mesme monastère de Lay[1].

5° Il déclare que les religieux de Lay jouiront, comme auparavant, de la moitié des dixmes de Porchericourt ou Picherécourt[2], et que le tiers de cette moitié sera cédé au curé de Champigneule, parce qu'il dessert à l'alternative, chacun sa semaine avec le curé de Bouxières, la chapelle dudit Porchericourt.

6° Le mesme évêque dit qu'il a affranchi de tout cens et de toute servitude l'église de Saint-Barthélemy[3] appartenante audit monastère de Lay, et située dans les bois de Heis : *Est et alia in honore sancti Bartholomœi ecclesia, ad præfatum pertinens monasterium, infra septa silva Heis posita, quam nos in ipso quo eam consecravimus die, ab omni censu et ab omni re quæ libertati obesse posset, immunem reddimus.* Donné à Toul en 1130.

1139. Innocent II, en 1139, confirma les biens et priviléges de Saint-Arnoû, et en particulier le château de Lay avec ses dépendances.

1179. Alexandre III, en 1179,

1192. Célestin III, en 1192,

1200. Innocent III, en 1200, firent la mesme chose.

---

1. Le prieur de Lay ne possède plus rien à Champigneule. L'abbé de Saint-Arnoû avoit la collation de la cure, qu'il a cédée, avec tous ses autres droits, à M. de Malvoisin, conseiller à la Cour de Nancy.

2. Pixerécourt. E.

3. L'église de Saint-Barthélemy a subsisté avec un hermitage jusqu'après l'an 1636; depuis les guerres, l'église a esté détruite avec l'hermitage, et le peu de terrain de à l'entour ayant esté abandonné jusqu'à cette année 1721, D. Augustin Calmet, prieur moderne, a esté obligé, pour de bonnes raisons, de vendre toutes ses prétentions à M. le comte de Fontenois pour la somme de 800 livres, par contrat passé devant Maujean, le 18e d'aoust 1721.

1203. Mathieu, évêque de Toul, unit à l'abbaye de Saint-Arnoû et au prieuré de Lay l'église paroissiale du mesme lieu et luy confirme le droit de patronage et d'y nommer un curé, à condition que cette église demeurera toujours soumise à l'évêché de Toul, et qu'après sa mort; on dira une messe pour luy. Donné l'an 1203, la 3ᵉ année de l'épiscopat de Mathieu,

1270. « Jaque, abbé de Saint-Arnoû, et Villames,
» priour de Lay, reconnoissent qu'ils doivent par chacun
» an, à toujoursmais, le jour de Saint-Martin, as hoirs
» Bietrix de Nancy, femme de Guerdin la Tairte, xxxv rai-
» zalz de woïn pour lou moulin, por la terre et pour le
» prey que lidit abbé, couvent et priour ont entre Agin-
» court et Dom Martin, sur ly awes cons appelles Aman-
» suelle, et les doit on payer à la grainge de Gereyval
» par lettre faitte l'an 1270, que les hoirs SS. Therry de
» Lenoncourt ont par devers oulz ; et ont les dits xxxv de
» voïn dessusdits assensis à un preste que chante pour
» oulz. Se doient sçavoir par le priour de Lay et les esche-
» vins comment et à qui ledit bled se paiet, et sur quoy il
» est assensi, et doient demandier az hoirs susdit Therry
» coppie desdites lettres. »

1271. Dans un ancien rouleau de papier que j'ay vu en l'archive de Saint-Arnoû, on lit ce qui suit : Premier, une lettre dou duc Ferris des Lx sols qu'il nous donnait sur le four de Frouvar, pour cause de restitution de domaige qu'il avoit fait à nous. Faite l'an M. CC. LXX, le jeudy après l'Ascension Notre-Dame. Je n'ai pas encore trouvé ce titre, mais il regarde le château de Frouart, que le duc Ferri bâtit sur le fond du prieuré de Lay, comme le témoignent tous nos anciens registres[1].

---

1. Ce passage est une note additionnelle, de la main de Dom Calmet. E.

1292. En 1292, Ferri, duc de Lorraine, témoigne que Thiébaut d'Agincourt a quitté à l'abbé et au couvent de Saint-Arnoû le moulin qui siet entre Dom Martin, Eumont et Agincourt, que ledit Thiébaut tenoit à cens dudit abbé et couvent; qu'il leur a quitté, dis-je, pour 56 resaux de woïn qu'il devoit audit abbé, et pour cent sols de toulois que l'abbé luy a délivrés.

En 1303, l'abbé de Saint-Arnoû acheta de l'abbesse de Sainte-Glossinde la moitié qu'elle avoit au moulin dit le Chevalier et au prey joignant, situés sous Eumont, et ce moyennant seize resaux de mouture que l'abbé luy cède. Enfin, en 1467, le prieur de Lay attaqua les hoirs d'un nommé Jean de Nancey pour les obliger de luy payer un resal de bled qu'il devoit de cens sur un prey situé dans le ban d'Agincourt. On entendit sur cela plusieurs témoings, et le prieur produisit : 1° les lettres d'acquest du moulin et de l'héritage sur lequel il prétendoit le cens ; 2° l'admodiation faite dudit moulin et de l'héritage à un nommé Thiébaut, moyennant 30 resaux de bled ; 3° il dit que l'abbé de Saint-Arnoû et le prieur de Lay, ayant retiré des mains dudit Thiébaut le moulin en question, le ruinèrent pour avoir plus grand profit de leur moulin de Lay; 4° que, depuis ce temps, l'héritage susdit avoit esté laissé à un nommé Jean Pierrey pour un resal et demy; que, depuis cela, Jean de Nancey l'avoit payé au prieuré, mesme après que le prieuré avoit esté admodié[1], ainsy que le receveur estoit prest de l'affirmer par serment ; sur quoy, les *semblants* d'Agincourt prononcèrent « que selon la tenour et possession, le prieur doit bien laissier en paix les hoirs de Jean de Nancey de la demande de ce qu'il les

---

1. Voyez cy-après 1789 ou en 1848, qu'il y a encore une rente des fruits du prieuré.

poursuit, et le semblant de Lay ait dit et par droit que ledit Pierresson ait bien à payer ledit censaul ou ôter la main de l'héritage. »

Depuis ce temps-là, le prieur a toujours payé les 35 resaux, mais on a négligé de tirer le cens en question. Les 35 resaux se payent à présent au chapelain de la chapelle Sainte-Catherine de Nancy, qui est dans l'église Saint-Evre.

1320. Ainard de Porte-Trienne ou de Porte-Tortone, ayant esté pourveu, en 1320, du prieuré de Lay par Pierre, abbé de Saint-Arnoû, s'engagea, par acte solennel passé devant Henry Dauphin, élu confirmé évêque de Metz, de payer, à la décharge dudit prieuré, la somme de 400 livres messins, de ne pas engager le mesme monastère dans de nouvelles dettes, de ne pas engager ses biens et ses revenus, et d'y entretenir toujours cinq religieux de Saint-Arnoû, comme du passé, luy prieur faisant le sixième, lesquels cinq religieux seront choisis, envoyés ou révoqués au choix du prieur; enfin, ledit Ainard s'engage à payer, par chacun an, à l'abbaye de Saint-Arnoû, la somme de cent livres tournois, ainsy que les prieurs ses prédécesseurs ont accoutumé de luy payer.

Mais Ainard s'acquitta mal de ses promesses, et l'abbé fut obligé de le déposer et de le révoquer comme parjure et désobéissant. L'acte de révocation luy fut signifié par deux députés de l'abbé, en 1323.

En 1323, Pierre, abbé de Saint-Arnoû, priva D. Ainard de l'administration du prieuré de Lay et luy ordonna, sous peine d'excommunication, de retourner en l'abbaye, défendant aux cinq religieux qui estoient sous son obéissance de le plus reconnoître à l'avenir; et cela en punition de ce qu'il avoit engagé ledit prieuré et manqué à ses promesses₁.

1330. Edouard, comte de Bar, prend sous sa sauvegarde et protection Alexandre, abbé de Saint-Arnoû, et seigneur Richard, prieur de Lay, ensemble tous les biens dépendant de ladite abbaye et du prieuré.

1339. Alexandre, abbé de Saint-Arnoû, et Nicolas de Moncler, prieur de Lay, laissent le prieuré de Lay, pour l'espace de douze ans, afin de le dégager des dettes et usures dont il estoit accablé; ils admodient donc tout ce qui appartient audit prieuré à Lay, Eumont, Bouxières-sous-Amance, Blanzey, Lay, Amance, Escueles, Lattre-sous-Amance, Dom Martin, Agincourt, Séchamp, Monteu, Ancey (Essey), Dommartemont, Saint-Maint (Saint-Max), Mallezéville, Pincherecourt, Bouxières-aux-Dames, et la pêche dessous Champigneule, moyennant la somme de seize cents livres de forts, 24 ménes de vin, cent soixante resaux de voïn, et quarante resaux d'avoine; du bois pour l'affouage du prieur et du foin pour nourrir deux chevaux; item, 35 resaux au chapelain qui tient la chapelle M. Thierry, chevalier, etc. Il n'y avoit alors qu'un religieux à Lay avec le prieur.

1354. Marie de Blois, duchesse de Lorraine, en son nom et au nom de Jean, son fils, prend sous sa sauvegarde et protection les habitants de Lay et Eumont, pour les défendre et protéger envers et contre tous, hormis les abbés de Saint-Arnoû et les prieurs de Lay, à charge que lesdits habitants payeront à ladite dame, par chacun an, à Nancy, par chacun feu, deux sols et demy de forts, « et ne seront tenus lesdits habitants de faire nul commande-

---

1. Cet alinéa, ajouté par Dom Calmet, semble avoir été destiné à remplacer le précédent. E.

ment de nos prévôts, de nos doiens, ny de nos autres sergents. » C'est ainsy que parle Marie de Blois en M. CCC. LIV.

1360. Pierre Bolzel, abbé de Saint-Arnoû, et Ferri, prieur de Lay, engagent à Thiriat de Nancy, pour six vingt livres de messins qu'ils lui doivent, tout ce qu'ils possèdent à Champigneule, à l'exception de l'autel de Saint-Barthélemy, le profit et les dons de l'église, et les LX sols qu'ils ont sur les fours de Fronvart.

1380. Pierre, comte de Bar, prend sous sa sauvegarde Thiébaut Boquin, prieur de Lay, et tous ses biens, moyennant deux cuvées de bon vin qu'il payera à la forteresse de l'Avantgarde, et au cas qu'il ne pourroit délivrer ledit vin, il donnera deux francs d'or à juste prix, au coin du roy de France. Fait en M. C. LXXX, le 26 du mois d'avril.

1380. Jean, duc de Lorraine, prend de mesme sous sa protection Thiébaut Boquin, prieur de Lay, son prieuré et les autres biens qu'il possédoit ailleurs, à charge de payer à la cellerie dudit prince quatre cartes de cire. M. C. LXXX, le 13e d'avril.

1382. Charles, duc de Lorraine, prend sous sa sauvegarde les habitants de Lay et d'Eumont, moyennant deux sols et demy qu'ils doivent lui payer par chaque feu. M. CCC. LXXXII.

1416. Nicolas Cassan fut élu, en 1416, abbé de Saint-Arnoû ; il estoit auparavant prieur de Lay. Il assista, étant abbé, au concile de Constance avec l'évêque Conrade Bayer de Boppart. Il mourut en 1419.

1420. Simon de Charrixey, abbé de Saint-Arnoû, promet à Jacques Marquaire, prieur de Lay, de luy laisser la jouissance dudit prieuré pendant sa vie, et luy remet la somme de 40 livres messins que les prieurs de Lay donnoient par an à Saint-Arnoû. Il luy permet aussy de faire la justice de Lay, en M. CCCC. XX. On voit icy dans quelle dépendance les prieurs de Lay estoient alors envers l'abbé de Saint-Arnoû, et qu'ils estoient mesme révocables à sa volonté. Cette somme de 40 livres se payoit, par forme de reconnoissance, tous les ans.

1446. Jacques Marcaire, prieur de Lay, admodie son prieuré pour quatorze ans, à charge d'y entretenir deux prestres et un clerc, dont l'un sera prestre et religieux de Saint-Arnoû, lequel aura pour son entretien deux francs, monnoye de Metz, sans plus. L'autre prestre sera séculier.

Le prieuré estoit alors accablé de dettes, qui sont spécifiées dans le traité en M. CCCC. LXVI. Dans une sentence de la mesme année, l'abbé de Saint-Arnoû se qualifie « seigneur souverain du lieu de Lay ».

1444-1445. L'abbaye de Saint-Arnoû ayant esté ruinée par l'armée du roy de France Charles VIIe, et par celle de Louis Dauphin, son fils, qui avoit esté longtemps dans la plaine de Metz, l'abbé et les religieux demandèrent au pape Nicolas V[1], l'union du prieuré de Lay à leur abbaye, pour jouir de ses revenus pendant vingt-deux ans, afin de pouvoir rétablir leur monastère. Le pape leur accorda cette grâce par une bulle datée du 4e des ides de décembre M. CCCC. XLIX ; mais cette bulle n'eut point d'exécution, car, en 1453, les abbé et religieux de Saint-Arnoû présentèrent une supplique au pape en faveur de Liébaut de Ville, religieux de leur abbaye, qui promettoit de leur procurer de grands secours par le moyen de sa famille, qui estoit alors puissante en Lorraine ; et comme Liébaut,

1. En 1449.

par sa mauvaise conduite, trompa leurs espérances, ils renoncèrent, en faveur de Jean de Lambale, protonotaire et princier de Metz, à l'union qui avoit esté faite du prieuré de Lay à la fabrique de leur église.

1449-1450. Vers le mesme temps, un nommé Jean Pignon jeta un dévolu sur le prieuré ; mais il ne jouit pas, et le pape Nicolas V⁰ créa une pension de 15 florins d'or sur ce bénéfice, en faveur du cardinal Guillaume de Sainte-Sabine[1].

Valladier remarque que ce cardinal est le premier prieur titulaire de Lay dont on ait connoissance. Il dit que le pape luy donna le prieuré en commande après la mort de Dom Jacques Marquaire, mais que Erard du Val, abbé de Saint-Arnoû, ayant fait voir que le prieuré estoit de sa nomination, le cardinal de Sainte-Sabine se déporta, et Liébaut de Ville, âgé alors de vingt-deux ans, fut pourveu du bénéfice en 1452. Il y a beaucoup d'apparence que l'abbé et les religieux de Saint-Arnoû ne se déportèrent de l'union faite de ce prieuré en faveur de leur abbaye, et ne se déterminèrent à le donner à Liébaut de Ville, que dans la crainte de le perdre entièrement. Liébaut estoit l'homme du monde le moins propre à occuper ce poste. Dès la première année de son administration, il refusa à l'abbaye une certaine somme que les nouveaux prieurs avoient accoutumé de donner, et ne voulut pas payer les 40 livres que ses prédécesseurs donnoient tous les ans à l'abbaye ; de plus, il tomba dans de si grands excès, que son procès luy ayant esté fait par le prieur claustral de Saint-Arnoû, il fut déposé par sentence, en

---

1. Valladier, *Aug. Basil.*, p. 253.

1453. Il en appela au pape, et se maintint dans le prieuré par le crédit de sa famille[1].

1455. Valladier avance mesme que Liébaut estant mort en 1455, sa mère, Catherine de Duilly (Deuilly), et Collignon de Ville, son fils, s'emparèrent de force du prieuré de Lay et s'y maintinrent pendant quelque temps, ne voulant pas mesme recevoir les religieux qui y estoient envoyés par l'abbé de Saint-Arnoû ; mais enfin cet abbé vint à bout de les en faire sortir, et se remit en possession d'y nommer un prieur. Je pense que Valladier se trompe dans le temps de la mort de Liébaut, car celuy-cy présenta une requeste au pape Pie II, qui a gouverné depuis l'an 1460 jusqu'en 1464, et je trouve des lettres et mémoires où Liébaut de Ville est encore en vie en 1462 et 1463.

Nous apprenons que cet homme estoit fillâtre de Jacques de Haraucourt, bailly de Nancy ; qu'il avoit d'abord esté receu religieux à l'abbaye de Gorze, et ensuite à Saint-Arnoû, à la recommandation du duc de Calabre, en 1451. Jacques de Haraucourt dit que Liébaut estoit commis à Lay en 1451. Collignon de Ville, son frère, et bailli de Vosges, est célèbre dans l'histoire de ce temps-là, sous le duc René Ier. Dans la requeste que l'abbé de Saint-Arnoû présenta contre Liébaut de Ville, il demande qu'il luy soit permis de l'arrester et de lui faire son procès, de mesme qu'à quelques autres moines apostats, ses complices, qui vivoient avec luy d'une manière scandaleuse et dans la plus honteuse débauche, abusant des filles, désobéissant à son abbé, défendant aux sujets du prieuré d'appeler à la chambre abbatiale de Saint-Arnoû,

---

1. Valladier, p. 254.

comme d'ancienneté ; faisant crier la feste en son seul nom, etc. Le prince répondit qu'il ne vouloit pas se mesler de cette affaire, comme regardant l'Eglise.

1461. En 1461, Liébaut de Ville estant inquiété par les officiers de M. le duc de Lorraine, demanda à l'abbé de Saint-Arnoû, qu'il appelle son « très-chier et honoré seigneur », copie des titres du prieuré, pour défendre ses droits contre M. le duc de Lorraine. Il dit que l'abbé a la haute justice à Lay, et le prieur la basse, dont il y a appel à la haute ; et comme Liébaut estoit alors cité au chapitre de Saint-Arnoû pour y estre corrigé par le prieur claustral, Varrex, secrétaire de M. le duc de Lorraine, écrivit, au nom de son maitre, à l'abbé de Saint-Arnoû, pour le prier de cesser les poursuites envers Liébaut, luy promettant que, dans la suite, ce religieux luy sera plus soumis ; et, dans une autre lettre, du 27 juin 1461, le mesme Varrex promet que Liébaut payera à l'abbaye sa redevance de 40 livres, et prie que l'on mette son affaire en arbitrage. Ce fut ensuite de cela que Liébaut appela au pape, et, en 1463, je trouve une concession de Rome, de la part de Pie II, pour régler le différend qui estoit entre l'abbé de Saint-Arnoû et le prieur de Lay, au sujet de la redevance de 40 livres par an.

1464. L'an 1464, l'abbé et la communauté de Saint-Arnoû renoncèrent entièrement à l'union qui avoit esté faite du prieuré de Lay à la fabrique de leur église, et consentirent que ledit prieuré fût conféré par le pape en titre ou en commande, et que la pension créée sur ledit prieuré en faveur de Jean de Lambale[1], protonotaire et princier de Metz, subsistât.

---

1. Jean de Lambale estoit grand archidiacre de Toul, abbé de Saint-Mansuy, prieur de Notre-Dame de Nancy, princier de Metz,

1466. Erard de Val ou de la Vallée, abbé de Saint-Arnoû, permet à Cicade, administrateur du prieuré de Lay, au nom de Jean de Lambale, protonotaire et trésorier, ou président des Comptes de Lorraine, et luy mande de mettre hors du prieuré un nommé Dom Jacques, qui se disoit moine de Saint-Arnoû et ne l'estoit point, mais un vagabond ; il luy promet de luy envoyer bientost de ses religieux pour faire le service, parce qu'alors il n'en avoit qu'autant qu'il falloit pour son monastère.

1481. Jean Nottaire, ou Notarius, fut fait conseiller du duc de Calabre dès l'an 1480. Il estoit prieur de Lay en 1481, et estoit dès auparavant abbé de Saint-Symphorien, et conserva néanmoins son prieuré jusqu'à sa mort, arrivée en 1522. Voicy son épitaphe, comme elle se lisoit sur sa tombe dans l'ancienne église de Saint-Symphorien, hors de Metz :

« Cy-devant gist révérend père en Dieu, feu Jehan
» Notarii, licentié en droit, abbé de céans, prieur de Lay
» et de Rfedderhanni (sic), lequel, après plusieurs biens et
» réparations qu'il a fait faire céans, a fait construire cette
» présente chapelle, et en icelle fondé une messe à tou-
» joursmais, comme il est au long contenu en sa devise
» que gist en l'arche François de Hannonville, aman de
» Saint-Maximin ; lequel sieur abbé mourut le dernier
» jour du mois de décembre mil cinq cent vingt-deux.
» Priez Dieu pour luy. »

1522. En 1522, Christophe de Bouley, dominicain, suffragant de Mr Jean cardinal de Lorraine, évêque de Toul,

conseiller et secrétaire du duc de Calabre. Il fut élu évêque de Toul vers l'an 1470 ou 1469, contre Antoine de Neufchâtel ; mais il ne jouit pas.

fit la dédicace de l'église et la consécration de l'autel de Saint-Remy d'Eumont.

1524. Jean de Lorraine, cardinal du titre de Saint-Onufre, frère du duc Antoine, avoit obtenu du pape le prieuré après la mort de Jean Notarii, et, en 1524, il en fit sa démission, entre les mains de Clément VII, en faveur de Jean du Fresneau, clerc du diocèse d'Angers, son domestique, avec réserve des fruits et regrès au cas que du Fresneau mourût avant luy. Du Fresneau se qualifie, en quelque endroit, abbé de Saint-Mihiel, administrateur perpétuel de Vieumoustier, diocèse de Verdun, et prieur de Lay, évêché de Metz. Le R. P. Mabillon, dans ses notes sur la vie de saint Clou, p. 1047, *sæcul. 2º Bened.*, met aussy Lay du diocèse de Metz ; mais il estoit mal informé. En effet, il fut fait abbé de Saint-Mihiel en 1534[1], et je trouve dans nostre archive quelques papiers où Lay est nommé *incertæ diæceseos*; mais il est indubitable que, dès le commencement, il fut du diocèse de Toul, ainsy qu'on l'a vu cy-devant.

1525. Vers l'an 1525, le pape Clément VII, la deuxième année de son pontificat, accorda à l'abbé et aux religieux de Saint-Arnoû les revenus des prieurés de Lay et de Chiny, pour en jouir pendant vingt ans à commencer à la mort des prieurs qui en estoient actuellement en possession, pour estre employés à payer les dettes de l'abbaye, qui estoient exorbitantes. Mais il ne paroît pas que cette grâce ait eu lieu, puisque la suite des prieurs n'a point esté interrompue depuis 1624 jusqu'aujourd'huy.

1538. Le pape Paul III, en 1538, accorda à du Fres-

---

1. Dans sa liste des abbés de Saint-Mihiel (*Hist. de Lorr.*, t. III, c. clix), Dom Calmet indique Jean *de Fresnau* I en 1520, 37, et Jean de *Fresnau II* en 1542. E.

neau l'extinction de la réserve des fruits et du regrès, que le cardinal de Lorraine s'estoit réservé sur le prieuré de Lay. Dès l'année précédente, 1537, il avoit résigné son abbaye de Saint-Mihiel et son prieuré de Lay en faveur de Jean du Fresneau, son neveu, fils de Claude du Fresneau, seigneur de Pierrefort et grand chambellan du duc Antoine. La résignation se fit avec réserve des fruits et le regrès, suivant l'usage, ou plustôt l'abus de ce temps-là. Les bulles furent signifiées à Pierre, abbé de Saint-Arnoû, qui n'y voulut point aquiescer. Le jeune du Fresneau prit possession du prieuré le 15° février 1538, mais il n'entra en possession réelle du revenu qu'après la mort de son oncle, Jean du Fresneau, abbé de Saint-Mihiel, arrivée le 12° décembre 1544.

1570. En 1570, Jean du Fresneau, se trouvant seul de mâle de sa famille, quitta l'habit ecclésiastique et se maria. Il résigna son abbaye de Saint-Mihiel à D. René Merlin, prévost moine de cette abbaye, et son prieuré à Jacques Simonet, clerc séculier du diocèse de Poictier. Ses bulles sont du 12° de septembre 1570.

1572. M. Simonet estant mort au mois d'avril 1572, le pape Grégoire XIII donna des bulles du prieuré de Lay à M. Antoine de Lenoncourt, fils de M. le sénéchal de Lorraine, qui en prit possession la mesme année.

1572. Dans le mesme temps, D. Didier Toussaint, abbé de Saint-Arnoû, nomma au prieuré de Lay un des religieux de son abbaye, nommé D. Jacques Niclos, qui disputa le bénéfice à M. de Lenoncourt; mais, après bien des procédures et des contestations, il fut obligé de transiger avec ce jeune abbé, moyennant la somme de 600 escus d'or, le 7° février l'an 1583[1]. Voilà la vraye succes-

---

[1] Voyez Valladier, *Aug. Basil.*, p. 258-260, où il rapporte cette affaire au long.

sion des prieurs de Lay, que M. Valladier a ignorée ou déguisée, comme nous l'allons voir.

Car, dans son *Auguste Basilique*[1], il avance que « le sieur Pierrefort, moine et profès de l'ordre de Saint-Benoît, administrateur et custode de Lay, d'abondant abbé titulaire de l'abbaye de Gorze, du mesme ordre de Saint-Benoît, s'ennuyant de la vie régulière, et porté à la profession de son extraction, estant de très-noble et très-illustre maison, quitta le froc, prit l'épée et se maria; si bien que son abbaye de Gorze demeurant vacante, il se garda néanmoins et usurpa la seigneurie de Lay, qu'il avoit reconnu estre vraiment seigneurie et un domaine, et non pas un vray prieuré, sinon en la façon que dit est, et par pure force et violence en jouit, malgré l'abbé de Saint-Arnoû, lequel ne manqua de faire son devoir; et, pour se maintenir en possession, y continua toujours ses religieux et son administrateur ou custode.

» Mais la force prévalut, si bien que le susdit Pierrefort estant décédé, après luy le sieur sénéchal de Lenoncourt, de la mesme maison, et gentilhomme portant épée, trouvant la pièce à son goût et à sa bienséance, en jouit d'authorité et de pure force, sans aucun titre, non pas mesme imaginaire, et s'y conserva par la grande authorité qu'il avoit alors en Lorraine; mesme de quoi il y a encore des témoins vivans pour le conserver après soy; le demanda finalement à Sa Sainteté pour l'enfant duquel sa femme estoit encore grosse; ce qu'il obtint par subreption, par voies extraordinaires, et à force d'authorité, jouissant toujours cependant de la pièce; mais estant arrivé que sa femme n'accoucha que d'une fille, se

---

[1]. Vallad. *Aug. Basil.*, p. 255 et suiv.

» voyant frustré de son attente, et voulant perpétuer à sa
» maison ladite seigneurie, voyant bien qu'il ne le pour-
» roit que sous quelque titre et prétexte de prieuré, voicy
» l'expédient qu'il en prit.... Comme il n'avoit point d'en-
» fant mâle, il le transporta au fils de son frère, Antoine
» de Lenoncourt, qui le possède aujourd'huy, à condition
» qu'il payeroit annuellement (chose non jamais plus ouïe,
» et sans que Sa Sainteté en eût aucune connoissance) une
» pension annuelle bien grosse à sa fille dont sa femme
» estoit accouchée, qui est aujourd'huy Mme de Campremy,
» très-vertueuse néanmoins et très-pieuse, et laquelle n'a
» jamais guère approuvé ce tricotage. »

Valladier ajoute qu'Antoine de Lenoncourt n'estoit alors âgé que de quatre à cinq ans, n'estant ny clerc ny tonsuré, n'ayant reçu la tonsure qu'en 1571 ; que M. le sénéchal, pour assurer le bénéfice à son neveu, en demanda des bulles à Rome, disant que le prieuré estoit vacant par la mort de Jacques Simonet, qu'il disoit estre décédé au mois de l'ordinaire ; et quand il seroit décédé au mois du pape, il n'estoit pas pour cela à la disposition du Saint-Siège, le bénéfice, de sa nature, n'estant pas sujet à l'alternative. De plus, M. le sénéchal ayant exposé dans sa supplique que c'estoit un prieuré conventuel, comme véritablement il l'estoit, le pape refusa la grâce, estant inouï de conférer un prieuré conventuel à un enfant de quatre à cinq ans. Enfin, Antoine de Lenoncourt présenta une seconde supplique où il fit glisser le terme de *non conventuel*, sur quoy il obtint le bénéfice, et s'en fit mettre en possession par main forte. C'est ce que raconte Valladier, abbé de Saint-Arnoû, dans son *Auguste Basilique*, imprimée à Paris en 1615. Il rapporte après cela fort au long les procédures d'entre M. Antoine de Lenoncourt,

pourveu par le pape, et D. Jacques Niclos, nommé par D. Didier Toussaint, abbé de Saint-Arnoû. On peut voir l'imprimé, pages 256, 258, 259, 260. La famille de Lenoncourt, se trouvant outragée par le récit de Valladier, le fit arrêter à Nancy et l'obligea à se rétracter par un acte authentique, passé à Nancy, pardevant notaire, le 12e de janvier 1616. Voicy comment il s'explique : « A déclaré
» que, touchant le fait particulier où il a parlé du sieur
» Jean Pierrefort, il a esté mal informé par les mémoires,
» missives et autres papiers de quelques particuliers, non
» authentiques, aiant depuis eu la curiosité, comme la
» chose estant importante, de reconnoistre au fond et par
» pièces authentiques et assurées, comme par les bulles de
» Sa Sainteté et autres titres ensuite d'icelles, toute l'af-
» faire, ainsy qu'il l'a reconnüe et reconnoist de son gré,
» et non par aucune contrainte, ains par le seul témoi-
» gnage qu'il doit à la vérité, que ledit prieuré de Lay
» fut donné en commende à rév. seigneur Jean de Fres-
» neau, prestre séculier, et depuis abbé commendataire de
» l'abbaye de Saint-Mihiel, par le pape Clément VII, l'an
» 1526 ; et depuis, l'an 1537, le pape Paul III accorda, en
» faveur dudit sieur de Fresneau, la cassation et extinction
» de la réserve des fruits et du regrès audit prieuré de
» Lay, que l'illustre cardinal Jean de Lorraine s'estoit ré-
» servé ; lequel sieur Jean de Fresneau, abbé et prieur com-
» mendataire, résigna ladite abbaye de Saint-Mihiel et
» ledit prieuré de Lay, aussy en commende, l'an 1537,
» le 9e aoust, au sieur Jean de Fresneau, son neveu....;
» lequel sieur Jean de Fresneau le jeune n'avoit pour lors
» pas plus de huit ans, sous la charge de son père et sans
» autre ordre que la simple tonsure cléricale ; et qu'alors,
» ny du depuis, il ne porta ny ne portoit l'habit d'aucune

» religion, et partant ne quitta jamais aucun ordre, ny ha-
» bit régulier, ains posséda toujours lesdits bénéfices en
» simple commende, et simplement clerc séculier, et aiant
» receu ledit prieuré par voies ordinaires, et non indües,
» mesme, qui plus est, du sçû et gré de R. P. Pierre, pour
» lors abbé de Saint-Arnoû, ainsy qu'on luy a fait voir
» par bulles, etc.; qu'en 1544, le 12º novembre, après la
» mort de son oncle, il entra en possession dudit prieuré.
» Il est vray aussy que ledit sieur Jean de Fresneau le
» jeune, abbé et prieur susdit, environ l'an 1570, estoit
» seigneur de Pierrefort, Trognon, etc., et, se voulant
» marier, comme il le pouvoit, pour se trouver seul de son
» nom et de ses armes, et pour la conservation de sa fa-
» mille, quitta tous lesdits bénéfices, sçavoir : l'abbaye de
» Saint-Mihiel, qu'il résigna à D. René Merlin, prévost
» moine en ladite abbaye, et ledit prieuré de Lay à un
» certain M. Jacques Simonet, clerc séculier, lequel en
» jouit fort peu et mourut du vivant dudit sieur de Pierre-
» fort; en sorte qu'estant ledit prieuré vaquant par le décès
» dudit Simonet, le sieur sénéchal de Lenoncourt, n'es-
» tant encore marié, en obtint les provisions, et, du depuis,
» venant à se marier, épousa Mlle de Marteau, à présent
» femme à M. de Campremy, de laquelle ledit sieur sé-
» néchal n'a eu aucun enfant; en quoy singulièrement ont
» manqué les mémoires de M. Valladier. »

Telle est la rétractation de l'abbé Valladier, et il est à remarquer qu'il ne se rétracte en rien de ce qu'il avoit dit sur la manière dont M. Antoine de Lenoncourt avoit esté

---

1. En 1538. Cecy est mal expliqué : Jean du Fresneau fit bien signifier ses bulles et provisions à l'abbé de Saint-Arnoû, mais celuy-cy n'y voulut acquiescer.

pourveu du prieuré en cour de Rome, ny des procédures entre D. Niclos et luy, qui finirent en 1583.

Comme la rétractation de Valladier avoit esté forcée, il jugea à propos de la révoquer, peu de temps après la mort de M. le primat, le 2e juin 1638, par un acte authentique, passé pardevant notaire, en présence de plusieurs seigneurs et ecclésiastiques, déclarant : « que le premier
» acte avoit esté fait par force, contrainte et pure violence
» du sieur Antoine de Lenoncourt, ses neveux, familiers et
» domestiques, qui, après avoir excédé ledit sieur abbé
» de Saint-Arnoû dans son corps et blâmé en son honneur,
» l'auroient contraint à faire ladite révocation, crainte de
» pire traitement, et peut-estre de la mort ; déclare en
» outre que tout ce qu'il a dit et écrit touchant ladite cus-
» toderie et prieuré de Lay, et la désunion d'iceluy de la-
» dite abbaye de Saint-Arnoû, et l'appropriation ou
» plustôt l'usurpation qu'en ont eu faite les maisons de
» Pierrefort et de Lenoncourt, il l'a dit et écrit conformé-
» ment aux mémoires, instructions et documents qu'il en a
» receu, par le véritable narré qui est contenu dans son
» *Auguste Basilique*, etc. »

Je trouve aussy un bref de *perinde valere* pour M. Antoine de Lenoncourt, qui avoit faussement exposé dans sa supplique qu'il avoit .... ans lorsqu'il demanda ses bulles pour le prieuré de Lay, quoiqu'il n'en eût véritablement que......[1] Mais il faut avouer que, si son entrée dans le prieuré de Lay n'a pas été tout-à-fait canonique, il a tâché de réparer ce défaut par le soin qu'il a pris d'en soutenir et d'en rétablir les droits, et encore plus, en y introduisant la réforme et en donnant à une communauté réglée des

---

[1]. Les nombres sont restés en blanc. E.

fonds capables de la faire subsister indépendamment des prieurs ses successeurs, quels qu'ils puissent estre.

1591. En 1591, M. de Lenoncourt nomma un chapelain à la chapelle de Nostre-Dame-de-Pitié, située à Eumont.

1601. En 1601, le 22e février, il fit une transaction avec les habitants de Lay et d'Eumont, dans laquelle, en renouvelant les anciens droits du prieuré, on régla ce qui concerne les cens, les dixmes, les droits de fours et de pressurages, les corvées, la justice, la revesture et autres droits; et, le 7e avril de la mesme année, il y eut un appointement entre luy et les héritiers de M. Bernet, au sujet de la maison dudit Bernet, size à la Basse-Lay, proche l'église paroissiale et du ruisseau qui y passe, comme aussi de la seigneurie de Saint-Evre, possédée par les héritiers dudit Bernet, laquelle ils vouloient faire passer pour fief. Dans tout cela, M. Antoine de Lenoncourt a très-bien maintenu les droits du prieuré, et beaucoup mieux que plusieurs de ses prédécesseurs et que quelques-uns de ses successeurs.

1609. En 1609, comme on parloit beaucoup de donner le prieuré de Belval, ou au moins la mense prieurale, aux Jésuites, pour établir un collége à Epinal, M. Antoine de Lenoncourt offrit aux Bénédictins réformés de les mettre dans son prieuré de Lay, à condition qu'ils céderoient aux Jésuites leurs prétentions sur celuy de Belval.

Cependant, je vois par une lettre originale de M. Olry d'Ourche, prieur de Belval, écrite au R. P. prieur de Saint-Mihiel, du 1er février 1609, que la véritable intention de M. de Lenoncourt estoit d'unir son prieuré de Lay à la Primatiale de Nancy, du moins M. d'Ourche le dit ainsi; néanmoins, ce qui me fait croire que l'offre de M. de Lenoncourt estoit sincère, c'est qu'il est certain que cet échange de Lay contre Belval fut proposé dans le conseil de S. A., vers ce temps-là, par M. de Maillane ; mais ce projet n'eut point de suite, et M. de Lenoncourt ne laissa pas de donner son prieuré aux Bénédictins, ainsy qu'on le verra cy-après.

1614. En 1614, M. Antoine de Lenoncourt demanda au pape Paul V, pour son coadjuteur au prieuré de Lay, M. Dominique Husson, prestre du diocèse de Toul, et depuis prévost de Saint-Sauveur de Metz ; mais M. Husson ayant, dans la suite, renoncé à cette coadjutorie moyennant une pension de 1,500 fr. (1624), M. le prieur demanda au pape Urbain VIII la coadjutorie pour son neveu, Claude-Théodore de Lenoncourt, lequel estant mort en 1633, M. le prieur de Lay demanda pour coadjuteur un autre de ses neveux, nommé Henry de Lenoncourt, qui lui succéda.

1620. En 1620, M. Antoine de Lenoncourt fit un traité avec les supérieurs généraux de la congrégation de Saint-Vanne pour introduire dans son prieuré des Bénédictins réformés de cette congrégation, au nombre de huit, leur assignant, pour leur subsistance, un revenu fixe pris sur les fonds du prieuré ; et le pape Grégoire XV, en 1621, donna une bulle datée du 27 mars, par laquelle il confirme le traité susdit, ordonnant que ledit prieuré, qui, jusqu'alors, n'avoit esté desservi que tout au plus par deux prestres séculiers, sera, dans la suite, gouverné par huit religieux Bénédictins réformés, tirés des monastères de Lorraine, qui y chanteront tous les jours toutes les heures de l'office divin et la messe conventuelle. Après cela, le souverain pontife fait le dénombrement de ce que M. de Lenoncourt céda à la mense conventuelle, et que l'on peut voir dans la bulle.

1621. Cet établissement des religieux lorrains dans ce

prieuré déplut à Valladier, abbé de Saint-Arnoû, et aux religieux de son abbaye ; c'est pourquoy ils firent, la mesme année et le dernier de juin, une cession pure et simple, entre les mains du roy de France, de tous les droits de souveraineté qu'ils avoient en la seigneurie ou au château de Lay. On a pu remarquer cy-devant qu'en effet, les abbés de Saint-Arnoû ont joui assez longtemps des droits régaliens dans la terre de Lay, et leur donation faite au roy très-chrestien, n'a jamais eu aucune exécution ; et, à l'égard de l'introduction des Bénédictins réformés dans ce prieuré, elle souffrit assez de difficultés : ils n'y entrèrent qu'en 1627, et on n'exécuta pas exactement ce qui estoit porté par la bulle de Grégoire XV au sujet de la séparation de mense.

1636. M. le primat estant mort le 16 juillet 1636, fut enterré au Noviciat des Jésuites, où l'on voit son mausolée. On lui avoit préparé, dans l'église du prieuré de Lay, une tombe et une épitaphe ; mais si son intention estoit de se faire enterrer à Lay, elle n'eut point d'exécution.

1637. La peste, la guerre et les autres malheurs qui désolèrent la province en 1635, 1636 et 1637, joints aux difficultés que les officiers de M. Henry de Lenoncourt, prieur de Lay, firent aux religieux de ce prieuré, [furent cause] qu'il demeura désert pendant quelque temps. Je trouve qu'en 1640, les supérieurs de la congrégation de Saint-Vanne proposèrent à M. Henry de Lenoncourt de faire une séparation de mense en faveur des religieux, et leur donner moyen de résider au prieuré.

1645. Après la mort de M. Antoine de Lenoncourt, M. Valladier, abbé de Saint-Arnoû, nomma au prieuré de Lay Dom Mengin Cordonnier, religieux de son abbaye, qui en prit possession le 9ᵉ aoust 1636 ; mais M. Henry de Lenoncourt s'estant pourveu auprès du roy Louis XIII, fut maintenu en possession du prieuré jusqu'en 1645, qu'il le résigna en faveur de M. de Stainville de Couvonge, dont les bulles sont du 25e février 1645.

1654. M. de Couvonge fixa enfin l'estat des religieux réformés du prieuré de Lay, en leur donnant une séparation de mense, le 16 aoust 1654. Elle est à peu près la mesme que celle qui avoit esté promise par M. Antoine de Lenoncourt et agréée par le pape Grégoire XV, et c'est elle qui sert de règle aujourd'huy.

1° M. le prieur leur laisse les maisons, meix et jardins qui leur avoient esté cédés par M. le primat de Lenoncourt; 2° item, 25 journaux de terre à chaque saison, exempts de dixmes, et 12 fauchées de prés; 3° item, les grosses et menues dixmes du ban d'Eumont, à la réserve des dixmes de vin; 4° les grosses et menues dixmes du ban de Pixerécourt, en ce qui appartient au sieur prieur; 5° les dixmes de vin sur les sujets demeurant à la Haute-Lay; 6° le gagnage de Montenoy; 7° tous les cens en vin dépendants du prieuré; 8° la contrée de bois dite des Embanies, et contenant 133 arpens; 9° cent arpens de bois en la contrée de la Rang; 10° six vingt arpens à Flabémont; 11° la rivière de Meurthe, depuis la chapelle des Trois-Colas jusqu'au pont de Bouxières et le ruisseau de la Mesulle.

Cet accord fut ratifié au chapitre général tenu à Saint-Mihiel le 28e avril 1655; mais, comme il survint quelque difficulté sur l'exécution du traité cy-dessus, il y eut une 2e transaction, du 7e décembre 1656, ratifiée au chapitre général tenu à Saint-Mihiel le 24e avril 1657. Dans ce traité, au lieu des dixmes en vin de la Haute-Lay, qui avoient esté cédées aux religieux, M. le prieur leur donna le 6ᵉ des dixmes et pressoirs, déchargés de toutes charges. Item, pourront avoir sept journaux de vignes, qu'ils feront façonner pour eux, dans les bans de Lay et Eumont, exempts de dixmes et droits de pressoirs. Les autres changements sont de très-petite conséquence.

1657. M. de Stainville, prieur de Lay, mourut au mois d'octobre 1657, et le sieur Claude Drouot, officier de la Datterie, demanda le bénéfice comme vacant *per obitum* ; mais M. de Furstemberg, comme abbé de Saint-Arnoû, nomma M. Henry de Salins, lequel transigea avec Drouot, qui luy remit ses droits sur le prieuré moyennant une somme de cinq mille francs barrois, l'an 1668.

1669. M. de Salins[1] prit possession le 8ᵉ février 1669. Je trouve, sous son gouvernement, une transaction passée, le 29ᵉ aoust 1671, entre luy et les habitants de Lay et d'Eumont et les bourgeois de Nancy résidants dans ces deux villages et y ayant des vignes, par laquelle on déroge à l'ancien usage de percevoir les dixmes qui se payoient de toute antiquité à l'onzième et à la cave. Il est donc accordé que lesdits bourgeois de Lay, d'Eumont et de Nancy, et autres ayant des vignes dans la seigneurie de Lay, payeront à l'avenir, pour chaque jour de vignes façonnées, sept francs barrois, sans pouvoir prétendre aucune réduction pour quelque cause que ce puisse estre ; et quant au droit de pressurage, qui se payoit aussi à l'onzième, a esté convenu que lesdits habitants jouiront des deux pressoirs bannaux dudit lieu, sans que le sieur prieur puisse prétendre aucun droit de vin ny argent pour le droit de pressurage ; et demeureront lesdits pressoirs à

---

1. C'est ce M. de Salins qui, estant tenu pour mort et prest à estre mis dans le cercueil, fut en quelque sorte ressuscité par un de ses amis qui, en badinant, luy fit avaler un verre de vin.

la charge desdits habitants, à l'exception, toutefois, des vilains fondoirs et grosses réparations, en ce qui concerne les murailles des bâtiments, qui demeurent à la charge du prieur, pourveu que le tout n'arrive faute d'entretien de toiture. Enfin, il est dit dans le traité, qu'il sera confirmé en cour de Rome, aux frais communs du sieur prieur et des habitants de Lay et d'Eumont ; condition qui n'a jamais été exécutée et ne le sera apparemment jamais, le traité estant si visiblement contraire aux intérests du prieuré.

1694. Le 23 novembre 1694, M. de Salins résigna son prieuré à M. François-Philippe Morel, chanoine de Nostre-Dame de Paris, aumônier du roy, et depuis abbé de Chezy, etc. Ses bulles sont du 5e décembre 1694, et sa prise de possession du 3e février 1695. Il a soutenu les droits du prieuré avec beaucoup de zèle, et, par un principe de considération pour la congrégation de Saint-Vanne, il l'a voulu remettre en règle par la résignation qu'il en a faite à D. Augustin Calmet, au mois de janvier 1715, moyennant une pension de trois mille livres, qu'on doit luy payer à Paris.

1715. Dom Augustin Calmet a reçu ses bulles le 28e février 1715, et a pris possession par procureur le 12e juin 1715. Les bulles ont coûté plus de sept mille cinq cens livres, et il est demeuré chargé de toutes les charges et réparations, de manière que, jusque icy, il n'a pu faire aucun bien au prieuré ; seulement, il y a mis une bibliothèque valant environ 3,000 livres, qu'il avoit amassée de ses épargnes, estant à Paris, et qu'il a encore augmentée depuis son retour, qui arriva en 1716. Il a aussy payé, avec les mesmes épargnes, et du proffit qui luy revient des ouvrages qu'il a composés, tous les emprunts qu'on avoit fait pour ses bulles.

1719[1]. On a achevé de payer les dettes des bulles, 7,500 livres et plus.

1720. On a fait l'encensoir d'argent, qui revient à 800 livres ou environ.

1721. On a réparé l'église, voûté les collatéraux, mis des vitres partout, etc. ; ce qui coûte environ 4,000 livres.

1722. On a fait les deux grans tableaux, qui coûtent 800 livres.

1723. On a fait les quatre cloches, qui coûtent environ 2,500 livres.

1724. On a commencé le bâtiment du prieuré, et on a commencé à l'habiter en 1725, au mois d'aoust. La première année, 1724, la dépense a été de 9,058 livres 16 s.

1725. On a fait la seconde aile du bâtiment des religieux. La dépense a été de quatre mille deux cent dix livres. On a fait la bénédiction de tout le nouveau bâtiment le 25 juillet 1726.

1725. Les pluies furent si grandes et si continuelles pendant les mois d'avril, may, juin, juillet, aoust, qu'on n'a presque pas veu huit jours de suitte de beau temps. Les moissons très-abondantes, mais très-infructueuses à cause des pluies. On a eu toutes les peines du monde à mettre la moisson dedans à cause des pluies continuelles. Il s'est ouvert une très-grosse source, capable de faire moudre un moulin, dans une vigne appartenant à M. Vincent. Cette source s'est ouverte la première fois au commencement de juillet et la seconde au commencement de septembre. Elle a continué à couler la première fois pendant environ 3 semaines, et la seconde fois pendant près d'un mois. Les vendanges, très-bien préparées, n'ont presque rien rendu ; en plusieurs endroits elles n'ont pas donné le

---

1. Ces dernières pages sont de la main de Dom Calmet.

dixième de l'année précédente. Le raisin a encore passablement meury malgré les pluies, et on a fait les vendanges vers le 18 et 20 d'octobre. Les pluies aiant continué pendant presque tout l'hyver, les sources dont on a parlé ont de même continué de couler jusque vers le mois de mars.

1726. On a achevé de bâtir, voûter et enduire et de paver le dedans de la maison, de paver la croisée méridionale de l'église.

De plus on a bâti la grange, l'écurie, la maison de la servante et celle du vigneron, toutes attenantes les unes aux autres.

On a achevé le mur de clôture et la grande porte de devant avec la chambre du portier. Le tout revient à 1,187 livres 1 s. De sorte que tout le bâtiment, jusqu'en janvier 1727, a coûté 25,116 livres, sans compter 9,423 livres 15 s. 6 deniers pour ma pension desdites 3 années.

On a jetté les fondemens des greniers et de la rabaissée. J'ai achetté le St Jean Chrysostôme, le St Jerôme, le Recueil des monuments de Canisius et quantité d'autres bons livres, pour environ 800 livres.

S. A. R. m'a donné la rivière de Meurthe depuis les grans moulins jusqu'à la chapelle des 3 Colas, en 1726.

1727. En 1727, on a construit le grand colombier bâti sur la fontaine de St Clou, et on a achevé les greniers, la rabaissée et ce qui y a rapport.

De plus, on a bâti les murs de clôture du verger nouveau et d'une partie de la vigne du prieuré.

On a achetté un orgue qui vient de la paroisse de Rosière; il a coûté d'achapt 650 livres, sans le transport, le jubé, le posage, etc., ce qui revient à peu près à mille livres.

On a achetté un ornement de damas à fleurs d'or, consistant en une chappe, la chasuble et les deux tuniques ; ce qui reviendra à plus de mille livres.

Item, un petit ornement rouge, qui revient à près de 60 livres.

1728. On a fait les murs de clôture du jardin du prieuré ou du couvent, comme aussy ceux qui enferment la basse-cour au-dessous du moulin du prieuré.

Le 9 de juillet D. Augustin Calmet, prieur titulaire de Lay, a été élu abbé de l'abbaye de Senones.

Depuis le 28 février 1715, que j'ay reçu mes bulles pour le prieuré de Lay, jusqu'au mois de juillet 1728, j'ay dépensé pour le prieuré de Lay plus de cent mille livres argent de Lorraine, y compris les trois mille livres de pension argent de France, que j'ay payés tous les ans à M. l'abbé Morel; ce qui revient, pour l'ordinaire, à 4,000 ou 4,500 livres et quelquefois 5,000 livres et 6,000 livres argent de Lorraine.

J'ay mis à la bibliothèque pour environ 3,000 livres de bons livres.

Par arrêté de compte du premier avril 1728, la dépense pour les bâtimens seuls, à commencer au 8 aoust 1723, est de quarante un mille sept cent soixante et seize livres ; dans lequel compte n'est compris le colombier et les réparations de l'église, qui reviennent à plus de cinq mille livres.

Soli Deo honor et gloria.

D. Aug. CALMET,
prieur titulaire de Lay.

Nancy. — Imp. de A. LEPAGE, Grande-Rue (Ville-Vieille, 14.

www.ingramcontent.com/pod-product-compliance
Lightning Source LLC
Chambersburg PA
CBHW070659050426
42451CB00008B/437